PRIX : **25** Centimes *(Par la poste, 30 centimes)*

L'EXPULSION
DES
DOMINICAINS

A

SAINT-MAXIMIN EN PROVENCE

ÉPISODE HISTORIQUE ET DRAMATIQUE

DE LA

PERSÉCUTION RELIGIEUSE EN FRANCE

EN UN ACTE, EN VERS

PAR

J. GUILLERMIN

QUATRIÈME ÉDITION

VITTE ET PERRUSSEL
Libraires-Éditeurs
7 ET 12, RUE MERCIÈRE, ET PLACE BELLECOUR, 3
LYON

[illegible]

[illegible]

[illegible]

L'EXPULSION

DES

DOMINICAINS

A

SAINT-MAXIMIN EN PROVENCE

ÉPISODE HISTORIQUE ET DRAMATIQUE

DE LA

PERSÉCUTION RELIGIEUSE EN FRANCE

EN UN ACTE, EN VERS

PAR

J. GUILLERMIN

QUATRIÈME ÉDITION

VITTE ET PERRUSSEL

Libraires - Éditeurs

7 ET 12, RUE MERCIÈRE, ET PLACE BELLECOUR, 3

LYON

Le petit drame qu'on va lire n'est point une fantaisie d'imagination. Pour de telles scènes, nous croyons que l'intérêt poignant est précisément dans la fidélité et l'exactitude scrupuleuse des faits. Nous nous sommes attaché à n'en présenter que d'authentiques.

PERSONNAGES :

Le T. R. Père Prieur des Frères Prêcheurs de Saint-
Maximin.

Divers Pères Dominicains et Frères convers; les Novices.

Le Commissaire de police de Saint-Maximin.

Deux serruriers crocheteurs.

Le Capitaine de gendarmerie; brigades de gendarmes.

MM. Elzéar, Salvien, Yves, laïques amis des Pères.

M. le Préfet du Var.

Etc.

L'EXPULSION

DES

DOMINICAINS

A

Saint-Maximin-en-Provence [1]

ÉPISODE HISTORIQUE ET DRAMATIQUE

DE LA

PERSÉCUTION RELIGIEUSE EN FRANCE

30 OCTOBRE 1880

La Scène est au couvent des Dominicains, dans une salle dont la fenêtre donne sur la porte d'entrée du monastère.

Scène Première.

Le T. Révérend Père Prieur ; un Père Dominicain ; un Frère convers ; MM. Elzéar, Salvien, Yves, laïques, amis des Pères, etc. ; le Commissaire de police (en bas de la porte d'entrée).

Un Frère convers *(de la fenêtre).*

Ils arrivent, mon Père, on frappe, les voilà !

---

(1) L'Ordre des Frères Prêcheurs fut appelé au couvent royal de Saint-Maximin en Provence, par une bulle du Pape Boniface VIII, du 8 des ides d'avril 1295, avec mission de desservir l'église monumentale élevée en l'honneur des reliques insignes de sainte Marie-Madeleine.

L'église de Saint-Maximin est le joyau de la Provence, l'édifice gothique

LE COMMISSAIRE DE POLICE (1).

(D'en bas, frappant à la porte du monastère.)

Ouvrez, de par la loi !

LE PÈRE PRIEUR.

(De la fenêtre où ses amis le suivent).

Quelle est cette loi-là?

Nous sommes bien en France ? En France, un domicile,
De par la loi, Monsieur, est un suprême asile
Où la justice seule a droit de pénétrer.
Avez-vous un mandat de justice à montrer ?

LE COMMISSAIRE *(brandissant un rouleau de papier).*

Je n'ai qu'un arrêté.

le plus grandiose du Midi. « Par la pureté de ses lignes, l'austérité de son ornementation, l'élévation de ses voûtes, elle rappelle admirablement l'amour sanctifié, les pénitences crucifiantes, les idéales ardeurs de la pécheresse divinement pardonnée de Béthanie; ses ogives élancées montent vers le ciel comme une prière ailée et en redescendent semblables au pardon du Seigneur. »

Comme l'église, le cloître fut bâti à la fin du XIIIe et pendant le XIVe siècle, par la piété des comtes de Provence. Héritiers de leur belle province, les rois de France le furent aussi de leur culte envers sainte Marie-Madeleine et son glorieux tombeau. Louis XI, Charles VIII, Louis XII, François Ier, Charles IX, Louis XIII, Louis XIV, comme Saint-Louis jadis, firent le pèlerinage de Saint-Maximin et de la Sainte-Baume. Un seul jour y compta cinq rois, un seul siècle y amena huit papes.

Quand éclata l'orage de la Révolution française, le monastère de Saint-Maximin comptait trente et un religieux; tous furent fidèles.

Vendu et morcelé le 18 messidor, an IV, le couvent fut racheté en 1859 par l'illustre Père Lacordaire, qui y rétablit une colonie de fils de Saint Dominique et fonda un noviciat près de ce tombeau dont il a écrit : « Le tombeau « de sainte Marie-Madeleine à Saint-Maximin est le troisième tombeau du « monde. »

Il appartenait aux persécuteurs libéraux de 1880, de venir frapper de la hache et du marteau, un monument que tant de souvenirs de gloire et de sainteté semblaient rendre sacré et à jamais inviolable.

(1) M. le commissaire de police de Saint-Maximin est juif.

LE PÈRE PRIEUR.

> La valeur en est nulle.

LE COMMISSAIRE.

Le Préfet l'a signé ; son contenu stipule
Que ce couvent étant des non autorisés,
Ses membres en seront par la force expulsés
Et qu'il faut les jeter au plus tôt à la rue.

LE PÈRE PRIEUR.

Quel est leur crime ?

LE COMMISSAIRE.

> Aucun ; mais l'œuvre est résolue ;
Ouvrez, de par la loi ; mes ordres sont formels.

LE PÈRE PRIEUR.

De par la loi, quittez vos projets criminels ;
Si, rappelant des jours de néfaste anarchie,
Vos complices et vous, de toute hiérarchie,
Vous osiez violer ma porte en malfaiteurs,
De la justice un jour connaîtriez les rigueurs.
Pendant dix et trente ans, j'ai droit de vous poursuivre ;
L'injustice jamais si longtemps n'a pu vivre.
Avant dix ans, qui sait...? — Songez à votre honneur !

VOIX DU PEUPLE (éclatant de toutes parts).

Vive la liberté ! Vive notre Prieur !

LE PÈRE PRIEUR ET SES AMIS.

Vive Saint-Maximin !

Le Commissaire *(aux serruriers).*

Forcez cette serrure.

Le Père Prieur *(Au Frère convers, dans l'appartement).*

Frère, consolidez nos portes de clôture.

*(On entend des coups de hache, de marteau, etc.. contre
la porte d'entrée, sans interruption, avec des cris.)*

M. Elzéar *(à M. Yves).*

O honte ! ils oseront consommer l'attentat !
C'est à déshonorer à jamais un Etat.
Sur l'heure, je rougis d'être enfant de la France !

(La cloche du monastère sonne le tocsin).

Le P. Prieur *(De la fenêtre, voyant qu'on tente l'escalade).*

Malheureux ! vous osez, — mais, c'est de la démence ! —
Escalader nos murs ainsi, comme un voleur !!

(Le Père Prieur sort.)

Scène II.

MM. Elzéar, Salvien, Yves et autres amis des Pères.

M. Elzéar *(près de la fenêtre).*

Voilà donc revenus les jours de la Terreur !
La bande d'un Mandrin, faisant un coup de maître,
Serait-elle au pouvoir ?

M. Yves.

A travers la fenêtre,
Regardez les panneaux de la porte en éclats :
Les serruriers suant, émus, jurent tout bas.

M. Elzéar (*vivement, montrant du doigt la mairie*).

Et Monsieur le Préfet caché dans la mairie
Qui se montre... Entendez la foule qui lui crie :

Cris tumultueux du Peuple.

Vive la liberté ! Vive la liberté !

M. Elzéar.

La liberté n'est plus qu'un tronc décapité !
Certes, si nous étions dans la libre Angleterre,
Ces serruriers pourraient être couchés à terre,
A coups de révolver, au nom même des lois.
En France, — on se croirait dans l'empire chinois, —
Au mépris de tout droit, l'ukase d'un ministre
Mettant la hache aux mains d'un serrurier sinistre,
Abat notre maison, nous en fait jeter hors,
Osant pour ce nous faire appréhender au corps !

O mon pays ! c'est toi qu'on frappe à coups de hache !...
Voilà pourquoi là-bas, ce Pilate se cache !

Scène III.

Le Père Prieur; un Père Dominicain; un Frère convers;
les amis des Pères.

LE PÈRE PRIEUR *(entrant)*.

La porte est enfoncée; on entre, ici bientôt
> *(On ferme la porte à clef, on barricade.)*

Tous viendront. Mais il faut qu'ils nous prennent d'assaut:
A la force, le droit doit cette résistance.

> *Bruit de pas; fracas de portes. On cause à voix très basse.*
> *Le Père Prieur s'approche du crucifix de la cheminée, fixe les*
> *yeux au ciel, priant... Le bruit des pas se rapproche. Le Père*
> *vient s'asseoir au milieu de la salle à son siège. — M. Elzéar*
> *fait signe qu'on est là.*

Scène IV.

Les mêmes; en plus le Commissaire de police; deux
serruriers; le Capitaine de gendarmerie; gendarmes.

LE COMMISSAIRE *(du dehors, frappant à la porte)*.

Ouvrez, de par la loi...
> *(Silence)*.

Rien ?

(Aux serruriers): En avant la danse !

> *(La serrure grince; coups de hache, de masse, etc... A la fin*
> *la porte vole en éclats, puis cédant, tombe renversée. Le Commis-*

*saire, suivi du capitaine de gendarmerie de Brignoles, le cigare
aux lèvres, les deux crocheteurs armés de crochets, marteaux, etc., les gendarmes, se trouvent subitement devant le
P. Prieur et tous ses amis... Personne ne se lève.)*

LE PÈRE PRIEUR.

Et qui donc ose ainsi se présenter chez moi ?

LE COMMISSAIRE.

Je suis le commissaire envoyé par la loi,
Avec la mission de vous donner lecture
De l'arrêté suivant, visant la fermeture
De ce couvent, où tout sera mis sous scellé ;
L'Etat de la chapelle aussi requiert la clé.

LE PÈRE PRIEUR.

Avez-vous à montrer un mandat de justice ?

LE COMMISSAIRE *(tendant son papier)*.

Voici mon arrêté.

LE PÈRE PRIEUR.

Triste et vain artifice !
Votre papier n'est rien qu'une illégalité.
Contre toutes les lois, que vaut un arrêté ?
Serions-nous en Turquie au lieu de vivre en France ?
La France est pays libre, et notre conscience
Ne saurait accepter d'arbitraires décrets
Qui violant la loi ne sont que des méfaits.
Déniant à l'Etat le pouvoir qu'il s'arroge,
Quatre cents magistrats ont déchiré leur toge ;
Dans le barreau français, plus de deux mille voix
Déclarent vos décrets nuls, contraires aux lois.

LE COMMISSAIRE.

Mes ordres sont précis.

LE PÈRE PRIEUR.

Je suis propriétaire
De toute la maison avec un autre Père.
Avez-vous l'ordre exprès de nous jeter dehors,
Hors de chez nous, Monsieur, en pleine France ?

LE COMMISSAIRE *(embarrassé, balbutiant)*.

Alors,
A Monsieur le Préfet il faut que j'en réfère.
Il est non loin.

LE PÈRE PRIEUR.

Allez.

(Le Commissaire sort avec sa bande.)

Scène V.

Les mêmes ; un Dominicain qu'on expulse, entre deux
amis comme témoins, et deux gendarmes.

UN DOMINICAIN *(qu'on expulse)*.

Bénissez-moi, mon Père,
Afin que Dieu bientôt me rappelle en ces lieux !

LE P. PRIEUR *(l'embrassant vivement)*.

O mon Frère, que Dieu pardonne aux malheureux
Qui nommant un délit l'étude, la prière,
Chassent en malfaiteurs les fils de Lacordaire !

(Le religieux est emmené.)

M. SALVIEN.

Nul des exécuteurs n'est de Saint-Maximin.
Devant nos ouvriers on a fait, mais en vain,
D'un argent fabuleux miroiter l'artifice ;
On n'a pu recruter chez nous aucun complice.
Afin d'être assuré d'avoir deux crocheteurs,
Notre Préfet à dû les amener d'ailleurs,
Et de plus les former, au fond de sa calèche,
A l'art hardi d'ouvrir aux portes une brèche (1).

LE P. PRIEUR.

Ami, cela console, et fait du bien au cœur.

---

(1) Les deux crocheteurs et enfonceurs de portes ont dû être amenés de Tourves, par M. le Préfet du Var lui-même et dans sa voiture. — Belle compagnie pour M. le Préfet !

Pendant l'ignoble travail des serruriers, la femme de l'un deux, accourue sur les lieux pour arracher son mari à sa honteuse besogne, lui criait qu'elle préférait mourir de faim, plutôt que de manger un pain gagné de la sorte. Elle eût réussi, si le capitaine de gendarmerie, qui s'est tristement distingué en cette journée par ses inconvenances, ne l'eût brutalement écartée.

Les crocheteurs n'ont pu trouver à Saint-Maximin aucun hôtel qui consentît à les recevoir.

Scène VI.

Les mêmes ; le Capitaine de gendarmerie.

LE CAPITAINE DE GENDARMERIE *(entrant)*.

Je suis chargé d'apprendre à Monsieur le Prieur,
Que Monsieur le Préfet l'attend à la mairie.

LE PÈRE PRIEUR.

Je suis chez moi, j'y reste ! A mon tour, je l'en prie,
Que Monsieur le Préfet daigne venir chez moi.

(Le Capitaine part.)

M. YVES *(de la fenêtre).*

Chaque Père qui sort, escorté comme un roi,
Marche en triomphateur, la foule l'environne ;
A l'envi de vivats, de fleurs on le couronne,
On lui crie : Au revoir !

M. ELZÉAR.

      Au revoir ! oui, bientôt,
Car tout Père peut dire aux proscripteurs bien haut :
« Vous qui prônez sans cesse et de toute tribune
« Toutes les libertés, mon habit en est une ! »

M. YVES.

La force ne saurait longtemps primer le droit...

M. ELZÉAR.

Et le Préfet un jour expiera son exploit !...
Ce cloître qu'ont bâti nos Comtes de Provence,

Que successivement les plus grands rois de France
Voulurent à leurs frais restaurer, embellir,
Il vient le visiter, lui, pour le démolir !
Il vient au grand tombeau de sainte Madeleine,
Mais pour en expulser, dans une aveugle haine,
Les saints religieux qui depuis six cents ans,
Au nom de la Provence et de tous ses enfants,
Montent incessamment au fond du sanctuaire,
Une garde d'honneur, d'amour et de prière !
Ah ! de tels attentats nous frappent tous au cœur !
Ces crimes jusqu'à Dieu poussent un cri vengeur !

M. YVES *(de la fenêtre, vivement)*.

Monsieur le Préfet vient ! Je le vois sur la place...
Il entre par la brèche ouverte à coups de masse...
Il monte ici...

Scène VII.

Les mêmes ; M. le Préfet du Var qu'introduit un religieux.

M. LE PRÉFET *(ceint de son écharpe)*.

Messieurs et Monsieur le Prieur,
Les décrets, qu'à regret j'applique avec rigueur,
Reconnaissent le droit à tout propriétaire
De demeurer chez lui, comme à tout locataire.
Pouvez-vous invoquer ces titres ?

LE PÈRE PRIEUR *(tendant des papiers).*

Les voici.

M. LE PRÉFET.

Ils sont en règle. Eh bien ! vous resterez ici,
Vous, Monsieur le Prieur, ainsi qu'un autre Père ;
Pour le servir, chacun pourra garder un Frère.
Et maintenant, Messieurs, pour tous vous rassurer,
— S'il en était besoin, — je dois vous déclarer
Que le Gouvernement professe pour l'Eglise
Le plus profond respect... Qu'elle se tranquillise !

LE PÈRE PRIEUR.

Entendez les marteaux, regardez ces débris... !
Est-ce là le respect à l'Eglise promis !
En tant que citoyens, en tant que catholiques,
Tous nous en appelons de vos décrets iniques,
Aux tribunaux de France, au tribunal de Dieu !
Vous osez profaner ici jusqu'au saint lieu,
Fermant de vos scellés l'asile inviolable
Où Dieu même réside et nous est secourable.
Jadis aussi, le Juif au tombeau du Sauveur,
Avait mis ses scellés, croyant rester vainqueur !...
Tremblez, qu'un jour vaincu, le droit ne ressuscite... !

M. ELZÉAR.

Que Monsieur le Préfet se rappelle et médite
Les articles du Code en ce jour méconnus,
Qui, le plaçant lui-même au rang des prévenus,
Des délits qu'il commet le rendent responsable,
Ainsi que chaque agent qu'il a rendu coupable.
La force n'a qu'un jour, le droit est éternel !

M. LE PRÉFET.

Le Code m'est connu, *civil* et *criminel.*
Je représente ici, Messieurs, la République !

LE PÈRE PRIEUR.

Vous êtes baptisé, vous êtes catholique,
J'ai, Monsieur le Préfet, le devoir douloureux
De vous dire, qu'après vos ordres malheureux,
Comme un de ses enfants l'Eglise vous renie,
En vous voit un transfuge et vous excommunie.

M. LE PRÉFET.

Un préfet n'agit point avec légèreté ;

De mes actes je sais toute la gravité.

(Il sort ; le Père Prieur l'accompagne.)

Scène VIII.

Un Père Dominicain ; un Frère convers ; M. Elzéar ;
tous les amis des Pères.

UN FRÈRE CONVERS *(entrant).*
Au Père Dominicain :
Nous n'irons plus prier, Père, en notre chapelle.
Le dernier sacrilège est consommé contre elle :
Ils viennent d'expulser le Très Saint-Sacrement.
Il est suspect aussi, pour le Gouvernement !

M. Elzéar.

Dérision sans nom ! Tandis que la police
Entasse ses forfaits, tout près, le frontispice
De tous nos monuments porte au grand jour écrit,
Le beau mot : « Liberté ! » — Liberté qu'on trahit !
Qu'es-tu donc ? Tu n'es plus la riante promesse
Dont le doux rêve a fait tressaillir ma jeunesse ;
Tu n'es plus la justice et l'ordre et le progrès
Qui dit : « La loi pour tous ! » tu marches par décrets ;
La liberté ! tu n'as que son masque sinistre,
Ce masque utile à qui veut devenir ministre,
Avec lequel on crie au loin vers les forçats :
« Chers amis, revenez, nous vous tendons les bras ! »
Tandis qu'à des Français dont la vie est sublime,
On dit : « Moines, partez ! » — Et quel est donc leur crime ?
Aimer et prier Dieu !

Scène IX et dernière.

Les mêmes ; le R. P. Prieur, les Novices ; un Père Dominicain ; la bande des crocheteurs.

Le Père Prieur *(entrant)*.

      Tous nos religieux
Sont expulsés.

Un Père Dominicain.
(Conduisant les novices, que suivent les
crocheteurs, gendarmes, etc.)

    Voici, venant pour les adieux,
Les novices !

UN NOVICE.

Mon Père, à cette heure suprême,
Bénissez-nous !

LE PÈRE PRIEUR.

L'épreuve est un nouveau baptême,
O mes enfants, dont Dieu vous marque en ce moment.
En exil dans votre âme emportez le serment
D'être comme au Seigneur fidèles à la France.
Ce n'est point elle dont l'inique violence
Vous arrache à nos cœurs comme à cette maison.
Un parti peut un jour abuser de son nom ;
Mais plus l'orage est noir, plus tôt sur notre tête,
Nous reverrons l'azur sortir de la tempête.
En attendant, l'Espagne où vit la liberté,
Vous offre avec bonheur douce hospitalité.
Une illustre cité vous attend : Salamanque.
Partez, sans craindre, amis, que jamais Dieu vous manque !
Bientôt vous reviendrez ; il me semble que Dieu
Nous le promet, enfants ; je vous bénis. . .

(Chacun est à genoux, excepté les crocheteurs.
Le Père Prieur lève les yeux au ciel, donne sa béné-
diction, puis, ému, se jette au cou des novices.)
Adieu !

FIN

Aix, Imprimerie J. NICOT, rue du Louvre, 16. — 1921.

www.ingramcontent.com/pod-product-compliance
Lightning Source LLC
Chambersburg PA
CBHW051212050726
47594CB00007B/3175